신나게 배우는 어린이 중국어

콰이러쉬에 한위 ⑥

문화체험편

워크북

권상기 김명섭 김예란 이현숙 왕지에(王洁) 저우자쑤(邹佳素) 공저

PLUS
Language Publishing Co.

① 알맞은 한어병음에 ✓ 하고, 단어를 완성해 보세요.

① 做饭

fàn ☐
bān ☐

zuò _____

② 下班

fàn ☐
bān ☐

xià _____

② 다음 한어병음으로 만들 수 있는 단어를 한자로 쓰세요.

보기

吃
都
好
是

① ǎo h ī ch

② sh d ì ōu

③ 다음 단어들 중 서로 반대되는 말을 찾아 써 보세요.

少	都是	吃
好吃	多	下班
先	上班	大

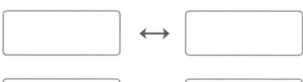 ↔

 ↔

④ 다음은 집안일을 나타낸 그림입니다. 알맞은 것끼리 선을 이으세요.

洗衣服	打扫	叠衣服	做菜
xǐ yīfu	dǎsǎo	dié yīfu	zuò cài

⑤ 보기 의 단어를 이용하여 질문에 답해 보세요.

A : 你们家谁做家务?
Nǐmen jiā shéi zuò jiāwù?

보기   一起　都　做　大家

B :　　　　　　　　　　。
Dàjiā dōu yìqǐ zuò.

⑥ 다음 대화에 어울리는 그림을 찾아 ✔ 하세요.

A : 姐姐做什么呢?
Jiějie zuò shénme ne?

B : 她洗碗 。
Tā xǐ wǎn.

7 다음 대화와 그림이 어울리면 O 표, 어울리지 않으면 X 표 하세요.

1 A：妹妹做什么呢?
　　Mèimei zuò shénme ne?

　　B：她叠衣服。
　　Tā dié yīfu.

2 A：弟弟做什么呢?
　　Dìdi zuò shénme ne?

　　B：他倒垃圾。
　　Tā dào lājī.

8 다음 질문에 어울리는 대답을 중국어로 바르게 옮긴 것을 고르세요.

中国的春节真特别!
Zhōngguó de Chūnjié zhēn tèbié!

곳곳에 모두 빨간색이야.

到处都是红色的。
Dàochù dōu shì hóngsè de.

我们都是中国人。
Wǒmen dōu shì Zhōngguórén.

⑨ 다음 대화에 나오는 학용품을 찾아 ✔ 하세요.

A : 这些橡皮都是你的吗？
Zhè xiē xiàngpí dōu shì nǐ de ma?

B : 是，都是我的。
Shì, dōu shì wǒ de.

☐ ☐ ☐ ☐

⑩ 보기 의 단어를 사용하여 알맞은 문장을 만들어 보세요.

1 샤오화의 아빠가 요리를 많이 하셨어요.

小华的爸爸做了 ☐ 。

보기   多   很   菜

2 나는 샤오화의 아빠가 만드신 음식이 매우 맛있게 느껴져요.

我觉得小华爸爸做的菜 ☐ 。

보기   好   真   吃

爸爸做的菜   **5**

11 다음 일기를 보고 가족들이 하는 집안일에 ✔ 하세요.

我们一家人一起做家务。

妈妈准备早饭，爸爸打扫房间，

姐姐倒垃圾，我叠衣服。

✱ 准备 zhǔnbèi 준비하다

家务 jiāwù	做菜 zuò cài	打扫 dǎsǎo	洗衣服 xǐ yīfu	洗碗 xǐ wǎn	熨衣服 yùn yīfu	倒垃圾 dào lājī	叠衣服 dié yīfu
爸爸 bàba							
妈妈 māma							
姐姐 jiějie							
我 wǒ							

12 다음 단어를 큰 소리로 읽으며 써 보세요.

1 这么 zhème 이렇게

这	么					
zhè	me					

2 做饭 zuò fàn 밥을 하다

做	饭					
zuò	fàn					

3 先 xiān 먼저

先						
xiān						

4 下班 xià bān 퇴근하다

下	班					
xià	bān					

5 好吃 hǎochī 맛있다

好	吃					
hǎo	chī					

① 다음 설명에 맞는 단어를 찾아 ○ 하고, 빈칸에 들어갈 말을 써 넣으세요.

合适	还有	旗袍
都	让	款式
颜色	比较	可以

① 이 단어는 한 글자의 한자입니다. 이 글자의 병음은 ràng입니다. 이 글자는 [   ]라는 의미입니다. 이 글자는 바로 [   ]입니다.

② 이 단어는 두 글자의 한자입니다. 이 단어는 '비교적'이란 의미입니다. 이 글자의 병음은 [   ]입니다. 이 글자는 바로 [   ]입니다.

② 다음 그림을 보고 빈칸에 알맞은 단어를 쓰세요.

我们去买毛衣。

我弟弟买了小号的，

我哥哥买了大号的，

我买了 [ ][ ] 的。

답 [   ]

③ 다음 단어의 성조를 바르게 나타낸 것에 ✔ 하세요.

① 黄色
- huángsè ☐
- huánsè ☐

② 桃红色
- tàohóngsè ☐
- táohóngsè ☐

③ 旗袍
- qípáo ☐
- qīpāo ☐

④ 小号
- xiǎohào ☐
- xiǎohǎo ☐

④ 다음 보기 에서 설명하는 옷을 그려서 캐릭터를 완성하세요.

보기

T恤 T xù

牛仔裤 niúzǎikù

大衣 dàyī

5 다음 문장에 맞도록 단어박스를 연결하여 칠한 뒤 빈칸에 써 보세요.

> 선생님은 우리에게 본문을 읽도록 하신다.

妹妹	衣服	老师	看
妈妈	让	睡觉	吃饭
你	试一试	我们	读
店员	休息	早	课文
医生	弟弟	好好儿	爸爸

→ [   ] 。

6 샤오한이 친구에 대해 설명한 글입니다. 글을 읽고 샤오한의 친구를 그려 보세요.

我朋友是男生，
他个子高高的，
胖胖的，穿着黑
色的大衣。

7 주사위를 던져서 나온 숫자에 해당하는 단어를 Ⓐ와 Ⓑ에 넣어 문장을 완성하려 합니다. 각각 어떤 주사위 숫자가 나와야 할까요?

我(Ⓐ)两件都(Ⓑ)。

Wǒ xiǎng liǎng jiàn dōu shìshi.

두 벌 모두 입어보고 싶어요.

| ⚀ 都 | ⚁ 可以 | ⚂ 试试 |
| ⚃ 款式 | ⚄ 想 | ⚅ 合适 |

Ⓐ : ☐   Ⓑ : ☐

8 설명을 읽고 어떤 옷을 골라야 하는지 〇 하세요.

这件太大，小号比较合适。

☐   ☐   ☐

9 다음 빈칸에 들어갈 알맞은 한자를 고르세요.

> 医生 ＿ 我早点儿睡觉。
> 의사선생님은 나에게 일찍 자라고 하셨다.

① 看 ② 给
③ 买 ④ 让

10 다음 그림을 보고 가운데 동그라미에 들어갈 단어를 한자로 쓰세요.

桃红色   红色

?

白色   黄色

11 글을 읽고 알맞은 제목에 ✔ 하세요.

> 我和妈妈一起去买旗袍。我看上了一件旗袍。售货员觉得那件太大了。给我换了一件小号的。那款旗袍还有桃红色的。我两件都试了试。

☐ 我和妈妈   ☐ 桃红色   ☐ 买旗袍   ☐ 售货员

⑫ 다음 단어를 큰 소리로 읽으며 써 보세요.

1 让 ràng ~하게 하다

让 ràng							

2 小号 xiǎo hào 작은 사이즈

小 xiǎo	号 hào					

3 比较 bǐjiào 비교적, 상대적으로

比 bǐ	较 jiào					

4 合适 héshì 알맞다, 적당하다

合 hé	适 shì					

5 桃红色 táohóngsè 복숭아색

桃 táo	红 hóng	色 sè				

03 汉字真有趣

① 숫자 암호를 이용하여 다음 단어의 한어병음을 쓰세요.

1 ǔ	2 é	3 f	4 d	5 n
6 q	7 à	8 ǐ	9 s	10 k
11 y	12 r	13 h	14 ó	15 l
16 z	17 b	18 ē	19 ì	20 m
21 g	22 x	23 ù	24 w	25 p

容易

12 14 5 21 11 19

→ _____

② 빈칸에 알맞은 병음을 보기 에서 골라 단어를 완성해 보세요.

东西

d___ngxi

보기

ā

à

ō

ǒ

翻译

f___nyì

得到

déd__o

有趣

y___uqù

③ 대화를 읽고 샤오한이 자판기에서 무엇을 뽑을지 〇 하세요.

小华：你要喝什么？
小韩：我看看。
小华：可口可乐怎么样？
小韩：好啊！

④ 샤오화가 설명하는 글을 읽고 빈칸에 들어갈 알맞은 글자를 보기 에서 골라 써 넣으세요.

容易的 □，买东西的 □，得到的 □。

보기　　　得　买　易

⑤ 다음 글을 읽고 아빠의 명함을 한국어로 완성해보세요.

我介绍一下我的爸爸。
我爸爸在易买得工作。
他很努力做工作。

이름 : 조현호

연락처 : 010-1234-5678

회사명 : □

6 밑줄 친 글자의 의미로 알맞은 것을 고르세요.

A : 我们家附近新<u>开</u>了一家超市。

B : 哇，方便多了。

 개척하다

 개업하다

7 다음 대화를 읽고 A와 B가 내일 갈 곳으로 알맞은 그림에 O 하세요.

A : 我们一起去喝咖啡吧。

B : 哦，我想去新开的星巴克，可以吗?

A : 当然可以。

8 다음 그림에 알맞은 단어를 연결해 보세요.

商店 shāngdiàn

车站 chēzhàn

体育馆 tǐyùguǎn

9 다음 문장의 빈칸에 들어갈 알맞은 말을 찾아 써 보세요.

中文翻译真 ☐ 。

Zhōngwén fānyì zhēn yǒuqù.

중국어 번역은 정말 재미있어.

容易   有趣   神奇

10 샤오한의 심부름 목록을 보고 무엇을 사야 하는지 **O** 하세요

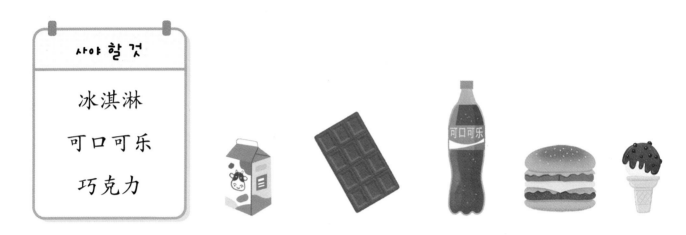

사야 할 것

冰淇淋

可口可乐

巧克力

11 빈칸에 알맞은 말을 한국어로 쓰세요.

我在路上看到了一家苹果电脑公司。我不知道苹果电脑
公司是什么意思。小华告诉我苹果是 [   ]，电脑是
[   ]，公司是 [회사] 的意思。苹果电脑公司就是
[   ]。

* 公司 gōngsī 회사

12 다음 단어를 큰 소리로 읽으며 써 보세요.

1 容易 róngyì 쉽다

容 róng	易 yì					

2 东西 dōngxi 물건

东 dōng	西 xi					

3 得到 dédào 얻다, 손에 넣다

得 dé	到 dào					

4 翻译 fānyì 번역

翻 fān	译 yì					

5 有趣 yǒuqù 재미있다

有 yǒu	趣 qù					

① 다음 한자의 병음을 찾아 색칠하고 빈칸에 쓰세요.

❶

k	à	s	i	r	x
d	q	ú	ǔ	p	ó
w	u	t	l	s	à
ě	á	s	u	k	w
j	n	j	i	ā	c
g	ī	ē	h	n	t

全家 [   ]

온 가족

❷

y	ì	n	p	y	ě
f	d	x	k	í	ū
ó	s	i	ō	n	ú
u	c	à	ō	w	g
ē	é	n	b	r	d
z	k	g	h	ó	u

印象 [   ]

인상

② 다음 한자의 한어병음 순서대로 돌다리를 따라가서 도착한 곳에 알맞은 우리말 뜻을 쓰세요.

觉得   还   旅游

j   y   l
u   h   ǔ
  á   n   ù
  à   á   x   y
é   d   i   ó   ǒ
e   j   ā   u

[   ]   [   ]   [   ]

③ 다음 대화의 빈칸에 공통으로 들어갈 단어를 보기 에서 찾아 쓰세요.

보기

去　比　还

A : 妈妈，今天 ⬚ 昨天冷吗？
Māma, Jīntiān bǐ zuótiān lěng ma?

B : ⬚ 昨天还冷，多穿一点。
Bǐ zuótiān hái lěng, duō chuān yìdiǎn.

④ 그림과 병음을 보고 각 도시에서 가장 인상 깊었던 것이 무엇인지 우리말로 쓰세요.

Xiānggǎng de Díshìní

A : 印象最深的是什么？

B : ⬚

Guìlín de fēngjǐng

A : 印象最深的是什么？

B : ⬚

Xī'ān de tiānqì

A : 印象最深的是什么？

B : ⬚

还长还高　**21**

5 샤오한 가족이 베이징에서 가장 인상 깊었던 곳은 어디인가요? 본문에서 찾아 한자로 쓰세요.

我们全家去了北京，我们去了故宫，天安门和长城。
我印象最深的是长城，长城又长又高。

＊故宫 gùgōng 고궁

답

6 다음 문장을 읽고 "나"는 누구인지 그림에서 찾아 〇 하세요.

我是十三岁。我喜欢跑步。
我跑得很快，我比小东跑得
还快。

小东

7 다음 우리말 문장에 맞게 단어를 배열해 보세요.

우리 가족 모두가 베이징에 다녀왔어.

了　北京　我们　全家　去

→ ☐ ☐ ☐ ☐ ☐ 。

8 두 문장이 자연스럽게 이어지도록 연결해 보세요.

我去了上海的新天地。
Wǒ qù le Shànghǎi de Xīntiāndì.

非常好吃。
Fēicháng hǎochī.

我看了桂林的风景。
Wǒ kàn le Guìlín de fēngjǐng.

真漂亮。
Zhēn piàoliàng.

我喜欢北京菜。
Wǒ xǐhuan Běijīngcài.

很热闹。
Hěn rènào.

9 친구들을 소개한 글을 읽고 빈칸에 이름을 쓰세요.

보기   小通   我   小冬

我有两个好朋友，小冬比
我高，小冬比小通矮。

10 빈 말풍선에 들어갈 알맞은 문장을 보기에서 찾아 대화를 완성하세요.

1
我们全家去了上海。

2

3
东方明珠。

4
我也想去。

보기

长城怎么样？
印象最深的是什么？
国庆节你去哪儿了？

11 다음 샤오화의 일기를 읽고 빈칸에 알맞은 말을 써 보세요.

还长还高

国庆节小韩全家去北京旅游了。我问他
印象最深的是什么。

他说是万里长城。小韩还说长城比想象
还长还高。

국경절에 샤오한 가족 모두는 베이징에 (   )을
갔었어요. 나는 그에게 가장 인상깊었던 것이
무엇인지 물어보았어요. 그는 만리장성이라고
말했어요. 샤오한은 또 만리장성이 상상보다 더
길고 더 높다고 말했어요.

⑫ 다음 단어를 큰 소리로 읽으며 써 보세요.

❶ 全家 quánjiā 온 가족

全 quán	家 jiā				

❷ 旅游 lǚyóu 여행하다

旅 lǚ	游 yóu				

❸ 印象 yìnxiàng 인상, 느낌

印 yìn	象 xiàng				

❹ 深 shēn 깊다

深 shēn					

❺ 想象 xiǎngxiàng 상상하다

想 xiǎng	象 xiàng				

① 단어의 성조를 알맞은 위치에 표시해 보세요.

①

快 kuai

②

手链 shoulian

② 다음 문장에 쓰인 '大小'의 의미가 무엇인지 써 보세요.

A：这双鞋子怎么样?

B：大小还行，样子不怎么样。

한자	의미
大	크다
小	작다
大小	

③ 우리나라 속담에 어울리도록 네모 칸에서 알맞은 중국어 단어를 찾아 O 하세요.

① 猴 hóu / 牛 niú 도 나무에서 떨어질 때가 있다.

② 소 鸡 jī / 狗 gǒu 보듯 한다.

④ 문장의 빈칸에 알맞은 단어를 골라 쓰세요.

本命年一定要带 ☐ 的。

너의 띠가 돌아오는 해에는 꼭 붉은색을 지녀야 해.

보기   白色   黄色   蓝色   红色   黑色   绿色

⑤ 동물원에서 A와 B가 보고 싶어 하는 동물을 찾아가려고 합니다. 어디인지 찾아 O 하세요.

A : 你属什么?

B : 我属虎。你呢?

A : 我属蛇。

B : 我们去看看虎和蛇!

5

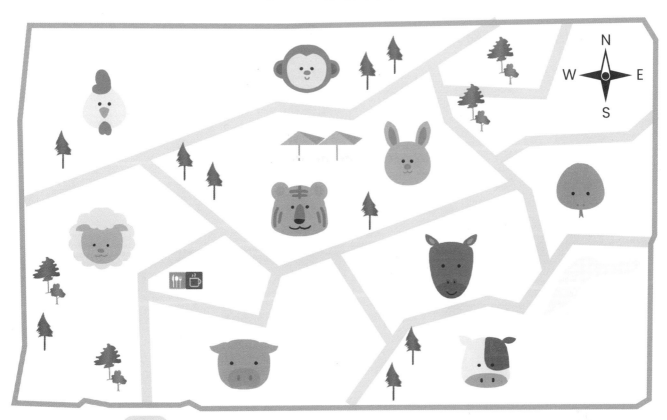

출발

6 가로 세로 대각선의 한자를 연결하여 그림에 알맞은 단어를 찾아 색칠하세요.

文	人	本	人	乐	玩
本	们	袍	旗	高	记
手	器	机	笔	记	具
记	笔	器	器	玩	具
高	记	袍	文	人	器
手	高	本	乐	记	人
机	文	器	手	链	文

Lègāo

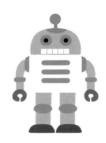

jīqìrén

shǒujī

shǒuliàn

7 다음 과녁의 낱말을 맞춰 중국어 문장을 완성하려고 합니다. 순서에 맞게 점수를 나열하세요.

6
7
8
9
10
新年
来
礼物
快
看

빨리 와서 설 선물을 보렴.

.

8 다음 대화를 읽고 엄마의 표정으로 알맞은 그림을 고르세요.

那家餐厅怎么样?

味道不怎么样。

9 다음 빈칸에 들어갈 알맞은 단어를 보기 에서 찾아 쓰세요.

보기   礼物   生肖   文具   颜色

※ 生肖 shēngxiào 띠

乐高

机器人   手链

旗袍   手机

发带

狗

马   兔

猪   鼠

龙

10 다음 대화를 읽고 B와 C가 신발에 대해 어떻게 생각하는지 쓰세요.

A : 这双鞋子怎么样?

B : 颜色还可以。

A : 你呢?

C : 样子不怎么样。

B  _____

C _____

11 다음 보기 의 문장은 샤오화의 일기에서 빠진 것입니다. 들어갈 알맞은 위치를 고르세요.

보기　　我只好戴上它了。

妈妈给我买了一根红手链。(A)
她说这是我的新年礼物。(B)
我不太喜欢红色的。(C)
妈妈说本命年一定要带红色的。(D)

답

12 다음 단어를 큰 소리로 읽으면서 써 보세요.

1 根 gēn 개, 가닥(가늘고 긴 것을 헤아리는 양사)

根						
gēn						

2 手链 shǒuliàn 팔찌

手	链					
shǒu	liàn					

3 不怎么样 bù zěnmeyàng 그리 좋지 않다. 별로이다

不	怎	么	样			
bù	zěn	me	yàng			

4 戴 dài (팔, 팔목 등에) 차다. 끼다, 착용하다

戴						
dài						

5 本命年 běnmìngnián 자신의 띠가 돌아오는 해

本	命	年				
běn	mìng	nián				

1 중국의 정월대보름과 관련된 그림과 단어, 병음을 알맞게 연결해 보세요.

花灯 • • wǔlóng

舞龙 • • tāngyuán

汤圆 • • huādēng

2 다음 단어에 알맞은 병음을 찾아 O 하고, 빈칸에 쓰세요.

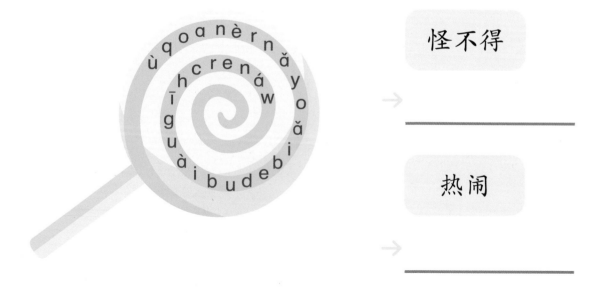

怪不得

→ _____

热闹

→ _____

③ 다음 한어병음 조각을 이용하여 단어를 완성하세요.

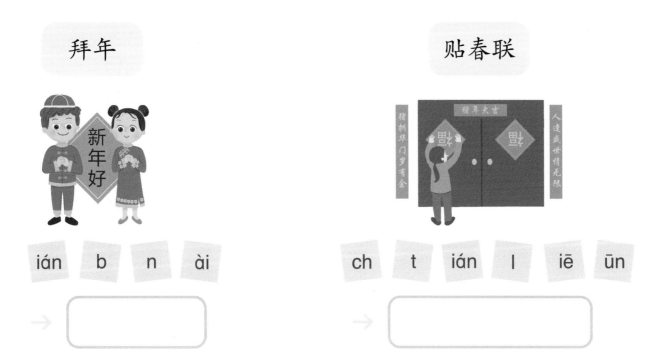

拜年

ián   b   n   ài

→ [   ]

贴春联

ch   t   ián   l   iē   ūn

→ [   ]

④ 두 사람의 대화를 읽고 빈칸에 들어갈 단어를 고르세요.

听说她以前在北京
Tīngshuō tā yǐqián zài Běijīng

住了三年。
zhù le sānnián.

_____，她的中文那么好。
Guàibude, tā de zhōngwén nàme hǎo.

[ ] 可以

[ ] 怪不得

[ ] 不怎么样

[ ] 那么

⑤ 길을 따라 내려간 후, 단어와 관련된 중국 명절 이름을 우리말로 쓰세요.

拜年
bàinián

吃汤圆
chī tāngyuán

花灯
huādēng

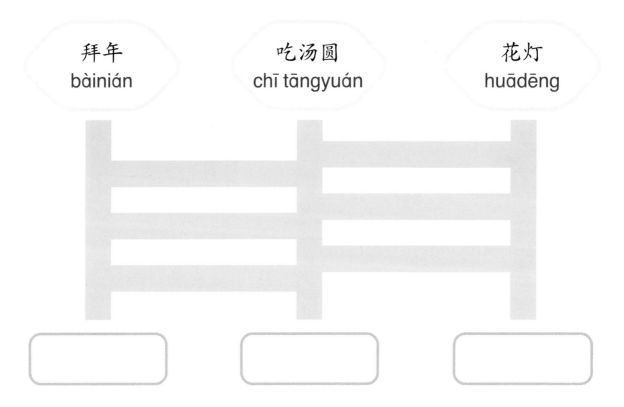

⑥ 다음 대화와 관계있는 그림을 찾아 ✔ 하세요.

A : 春节人们会做什么?
Chūnjié rénmen huì zuò shénme?

B : 拜年。
Bàinián

7 다음 단어의 한어병음을 바르게 나타낸 것에 ✔ 하세요.

1
花灯
< huātēng ☐
huādēng ☐

2
汤圆
< tāngyuán ☐
dāngyuán ☐

3
舞龙
< mǔlóng ☐
wǔlóng ☐

4
热闹
< rènao ☐
lènao ☐

8 다음은 중국의 정월대보름에 관한 글입니다. 이 날에 볼 수 있는 장면과 먹는 음식을 쓰세요.

闹元宵
Yuánxiāojié

今天是元宵节。我们看到了舞龙表演,也看了花灯。小韩觉得元宵节很热闹。我们俩还去吃了汤圆。

Jīntiān shì Yuánxiāojié. Wǒmen kàndào le wǔlóng biǎoyǎn, Yě kàn le huādēng. Xiǎohán juéde Yuánxiāojié hěn rènao. Wǒmén liǎ hái qù chī le tāngyuán.

1 볼 수 있는 장면은 무엇과 무엇인가요? _____

2 이 날 먹는 음식은 무엇인가요? _____

9 다음 빈칸에 들어갈 알맞은 단어를 보기 에서 찾아 쓰세요.

보기   俩   表演   玩儿   还有

小韩 : 看那儿！在 [　　　] 什么？
Kàn nàr! Zài wáner shénme?

小华 : 舞龙 [　　　] 。
Wǔlóng biǎoyǎn.

小韩 : [　　　] 花灯呢！
Háiyǒu huādēng ne!

小华 : 今天是元宵节嘛。
Jīntiān shì Yuánxiāojié ma.

小韩 : 怪不得，这么热闹！
Guàibude, zhème rènao!

小华 : 我们 [　] 吃汤圆去吧。
Wǒmen liǎ chī tāngyuán qù ba.

10 중국의 명절과 우리의 명절 이름을 바르게 연결해 보세요.

元宵节
Yuánxiāojié

· 　　　　　　　　· 설날

春节
Chūnjié

· 　　　　　　　　· 정월대보름

11 다음 단어를 큰 소리로 읽으며 써 보세요.

1 舞龙 wǔlóng 용춤

舞 wǔ	龙 lóng					

2 表演 biǎoyǎn 공연하다

表 biǎo	演 yǎn					

3 花灯 huādēng 등불

花 huā	灯 dēng					

4 怪不得 guàibude 어쩐지

怪 guài	不 bu	得 de				

5 热闹 rènao 시끌벅적하다. 떠들썩하다, 붐비다

热 rè	闹 nao					

98 '就发'

① 다음 단어의 병음을 바르게 나타낸 것에 ✔ 하세요.

①

好日子 < hào rìzi ☐
　　　　hǎo rìzi ☐

②

特别 < tèbié ☐
　　　　těbié ☐

② 다음 보기 에 있는 단어의 병음을 찾아 색칠하고 빈칸에 쓰세요.

보기　　①意思　②幸运　③发财

n	h	y	u	è	x	s
à	à	s	y	z	ì	h
f	o	h	ì	à	n	é
m	ā	ì	s	i	g	n
w	ǒ	c	i	f	y	m
y	ī	n	á	ā	ù	e
b	ā	d	e	i	n	g

① _____

② _____

③ _____

③ 다음 단어의 병음과 성조 표시가 바르게 된 것을 찾아 ✔ 하세요.

一生一世

yīshēngyíshì ☐   yíshēngyíshì ☐

yìshēngyíshì ☐   yìshēngyǐshì ☐

④ 다음은 중국인들이 좋아하거나 싫어하는 숫자에 대한 설명입니다. 빈칸에 알맞은 숫자를 한자로 써 넣으세요.

'오래살다'의 jiǔ(久)와 발음이 같아서   '돈을 벌다'의 fā cái(发财)의 fā(发)와
좋아해요.   발음이 비슷해서 좋아해요.

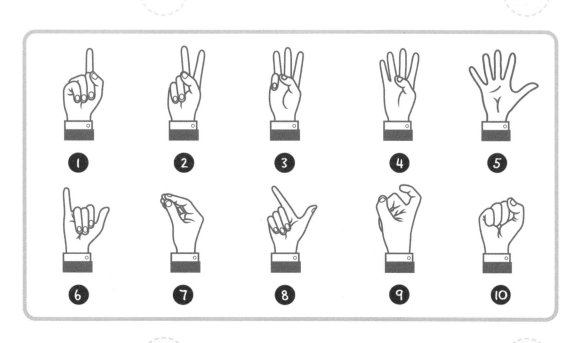

'화내다'의 shēngqì(生气)의 qì(气)   liú(流)와 발음이 비슷하며 '순조롭다'의
발음과 비슷해서 좋아하지 않아요.   뜻으로 자동차 번호로 많이 쓰입니다.

5 다음 대화와 관계있는 그림을 찾아 ✔ 하세요.

A : 你知道88数字的含义吗?
　　Nǐ zhīdao bābā shùzì de hányì ma?

B : 知道。拜拜的意思。
　　Zhīdao.　Bàibai de yìsi.

☐　☐

☐　☐

6 다음 대화를 읽고 '原来'가 어떤 뜻으로 쓰였는지 우리말로 쓰세요.

原来是你送的花。
Yuánlái shì nǐ sòng de huā.

是的，今天是你的生日嘛。
Shì de, jīntiān shì nǐ de shēngrì ma.

原来　→ ＿＿＿＿＿＿＿＿

7 다음 숫자 속에 담긴 뜻으로 알맞은 것끼리 연결해 보세요.

6 ·

168 ·

520 ·

 · 我爱你
wǒ ài nǐ

 · 六六大顺
liùliùdàshùn

 · 一路发
yílù fā

8 다음 문장에 어울리는 답을 찾아 ✔ 하세요.

1

昨天我打电话给你，没人接。
Zuótiān wǒ dǎ diànhuà gěi nǐ, méi rén jiē.

☐ 原来是你呀，我睡觉呢。
Yuánlái shì nǐ ya, wǒ shuìjiào ne.

☐ 爸爸做的菜很好吃。
Bàba zuò de cài hěn hǎochī.

2

你认识小通？
Nǐ rènshi Xiǎotōng?

☐ 你是马老师吗？
Nǐ shì Mǎ lǎoshī ma?

☐ 他原来是我的小学同学。
Tā yuánlái shì wǒ de xiǎoxué tóngxué.

7

9 다음 우리말의 뜻에 맞게 보기 에서 단어를 찾아 빈칸에 쓰세요.

보기   的   什么   特别

어떤 특별함이 있어?

→ 有 ☐ ☐ ☐ ?

10 다음 글을 읽고 샤오한의 기분을 나타내는 이모티콘을 찾아 ✔ 하세요.

小韩的生日是9月8号。我还以为是7号呢。我告诉小韩'98'
与'就发'的发音一样。在中国有'发财'的意思。小韩觉得
自己很幸运。

Xiǎohán de shēngrì shì jiǔ yuè bā hào. Wǒ hái yǐwéi shì qī hào ne. Wǒ gàosu Xiǎohán
'98' yǔ 'jiù fā' de fāyīn yíyàng. Zài Zhōngguó yǒu 'fā cái' de yìsi. Xiǎohán juéde zìjǐ hěn
xìngyùn.

☐   ☐   ☐   ☐

다음 단어를 큰 소리로 읽으며 써 보세요.

1 好日子 hǎo rìzi 길일, 좋은 날

好	日	子					
hǎo	rì	zi					

2 特别 tèbié 특별하다

特	别					
tè	bié					

3 发财 fā cái 부자가 되다

发	财					
fā	cái					

4 意思 yìsi 의미, 뜻

意	思					
yì	si					

5 幸运 xìngyùn 운이 좋다, 행운이다

幸	运					
xìng	yùn					

1 다음 빈칸에 들어갈 알맞은 병음을 찾아 써 넣으세요.

拉
l__

好听
hǎot__ng

它
t__

① à   ā   ② ǐ   ī   ③ à   ā

2 다음 단어에 알맞은 한어병음을 써서 낱말 맞추기를 완성하세요.

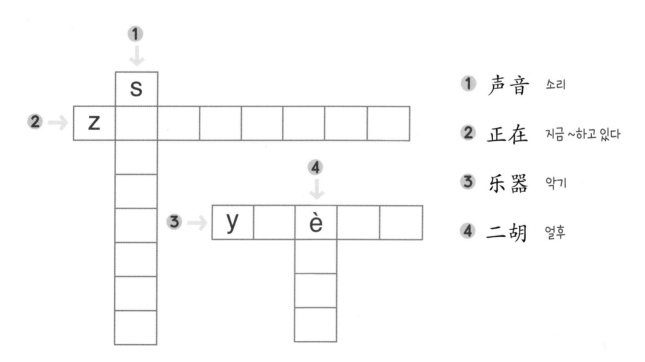

① 声音 소리

② 正在 지금 ~하고 있다

③ 乐器 악기

④ 二胡 얼후

③ 다음 물음에 대한 답을 암호를 풀어서 찾고, 병음과 그 뜻을 쓰세요.

A : 你现在做什么呢?
　　Nǐ xiànzài zuò shénme ne?

B : 我正在 5♣2♥4♣2★ 呢。
　　Wǒ zhèngzài ⬜ ne.

	1	2	3	4	5
★	ú	i	ā	è	ǒ
♣	c	zh	ch	x	x
♥	ǒu	iū	ái	ān	ōng

답
병음 : _____
뜻 　: _____

④ 다음 단어와 병음을 바르게 배열하여 문장을 완성하세요.

什么 / 是 / 乐器 / 这 / ?
shénme / shì / yuèqì / zhè / ?

이것은 어떤 악기니?

→ _____
　 _____

⑤ 다음 대화에서 '～하고 있다', '～하고 있는 중이다'라는 뜻을 가지고 있는 단어를 빈칸에 쓰세요.

A : 喂，你在做什么呢?
　　Wèi，nǐ zài zuò shénme ne?

B : 我 ⬜ 看电视 ⬜ ，有什么事?
　　Wǒ zhèngzài kàn diànshì ne，yǒu shénme shì?

보기　　正　　呢　　在

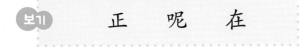

6 다음 대화와 관계있는 그림을 찾아 ✔ 하세요.

A : 你现在做什么呢?
Nǐ xiànzài zuò shénme ne?

B : 我正在下象棋呢。
Wǒ zhèngzài xià xiàngqí ne.

☐ ☐ ☐ ☐

7 다음 그림을 보고 서로 관계 있는 것끼리 선으로 연결하세요.

写书法 • dǎ tàijíquán

打太极拳 • jiǎn zhǐ

下围棋 • xiě shūfǎ

剪纸 • xià wéiqí

8 다음 채팅창 속의 남학생이 배우는 중국 전통 놀이를 우리말로 쓰세요.

你会抖空竹吗?

我正在学呢。

有意思吗?

挺有意思。

보기　　바둑　장기　공죽　종이오리기

답

9 다음 설명을 읽고 알맞은 그림을 찾아 O 하세요.

흑돌과 백돌을 번갈아 두며 '집'을 많이
짓는 사람이 이기는 전통놀이입니다.

下象棋
xià xiàngqí

下围棋
xià wéiqí

写书法
xiě shūfǎ

抖空竹
dǒu kōngzhú

⑩ 다음 대화를 읽고 물음에 답하세요.

小韩：这是什么乐器?
　　　Zhè shì shénme yuèqì?

小华：是二胡。
　　　Shì èrhú.

小韩：❶它只有两根弦吗?
　　　Tā zhǐyǒu liǎng gēn xián ma?

小华：对，但是它的声音很好听。
　　　Duì, dànshì tā de shēngyīn hěn hǎotīng.

❶ ❶의 它가 가리키는 것은 무엇인지 한자로 쓰세요.

❷ 위 대화에서 '가늘고 긴 것을 헤아릴 때 쓰는 양사'를 찾아 쓰세요.

⑪ 다음 글의 해석을 보고 빈칸에 알맞은 한자를 보기 에서 찾아 쓰세요.

보기　　拉 lā　　两 liǎng　　学 xué

我不知道二胡是什么。二胡只有◯根
弦，真奇怪。小华告诉我二胡的声音很
好听。她说她正在◯拉二胡呢。我也
想学◯二胡了.

나는 얼후가 무엇인지 몰랐어요. 얼후는 현이 두 줄밖에 없어서 정말 특이해요. 샤오화가 나에게 얼후의 소리가 매우 듣기 좋다고 말했어요. 그녀는 지금 얼후를 배우고 있대요. 나도 얼후를 배우고 싶어요.

⑫ 다음 단어를 큰 소리로 읽으며 써 보세요.

❶ 乐器 yuèqì 악기

乐	器					
yuè	qì					

❷ 二胡 èrhú 얼후(현이 두 줄인 중국 전통 악기)

二	胡					
èr	hú					

❸ 弦 xián (악기에서 음을 내는) 줄. 선. 현

弦						
xián						

❹ 声音 shēngyīn 소리

声	音					
shēng	yīn					

❺ 拉 lā 연주하다

拉						
lā						

8

1과 爸爸做的菜

1. ① 做饭　　② 下班

fàn ✓　　　fàn ☐

bān ☐　　　bān ✓

zuò **fàn**　　xià **bān**

2. ① 好吃

② 都是

3. 少 ↔ 多　　上班 ↔ 下班

4.

| 洗衣服 xǐ yīfu | 打扫 dǎsǎo | 叠衣服 dié yīfu | 做菜 zuò cài |

5. 大家都一起做

6.

7. ①　　　　②

○　　　　X

8. ✓ 到处都是红色的。
　　Dàochù dōu shì hóngsè de.

　　☐ 我们都是中国人。
　　Wǒmen dōu shì Zhōngguórén.

9. ☐　　☐　　✓　　☐

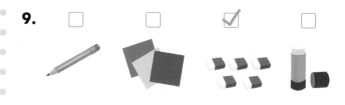

10. ① 很多菜　　② 真好吃

11.

家务 jiāwù	做菜 zuò cài	打扫 dǎsǎo	洗衣服 xǐ yīfu	洗碗 xǐ wǎn	熨衣服 yùn yīfu	倒垃圾 dào lājī	叠衣服 dié yīfu
爸爸 bàba		✓					
妈妈 māma	✓						
姐姐 jiějie						✓	
我 wǒ							✓

2과 买旗袍

1.

合适	还有	旗袍
都	让	款式
颜色	比较	可以

① ~하게 하다, 让

② bǐjiào, 比较

2. 中号

3.

①　黄色　huángsè ✓　　② 桃红色　táohóngsè ☐

　　　　　huánsè ☐　　　　　　　tǎohóngsè ✓

③　旗袍　qípáo ✓　　④ 小号　xiǎohào ✓

　　　　　qípāo ☐　　　　　　　xiǎohǎo ☐

4. (티셔츠, 청바지, 외투를 입고 있는 여자 아이 모습)

5. 老师让我们读课文

妹妹	衣服	老师	看
妈妈	让	睡觉	吃饭
你	试一试	我们	读
店员	休息	早	课文
医生	弟弟	好好儿	爸爸

6. (키가 크고 뚱뚱하며 검은색 외투를 입고 있는 남자 아이 모습)

7. Ⓐ: 5   Ⓑ: 3

8.

 ☐ ☐

9. 4

10. 颜色

11.

☐ 我和妈妈   ☐ 桃红色   ☑ 买旗袍   ☐ 售货员

3과 汉字真有趣

1. róngyì

2.

东西   翻译

d_ō_ngxi   f_ā_nyì

得到   有趣

déd_à_o   y_ǒ_uqù

3.

4. 容易的 易 ，买东西的 买 ，得到的 得 。

5. 이마트

6.
☐ 개척하다
☑ 개업하다

7. ☐ ☐ ☐ ◯

8.

商店 shāngdiàn

车站 chēzhàn

体育馆 tǐyùguǎn

9. 有趣

10.

11. 사과, 컴퓨터, 애플컴퓨터회사

4과 还长还高

1. ①
k	à	s	i	r	x
d	q	ú	ǔ	p	ó
w	u	t	l	s	à
ě	á	s	u	k	w
j	n	j	i	ã	c
g	ī	ē	h	n	t

quánjiā

②
y	ì	n	p	y	ě
f	d	x	k	í	ū
ó	s	i	ō	n	ú
u	c	à	ō	w	g
ē	é	n	b	r	d
z	k	g	h	ó	u

yìnxiàng

2.
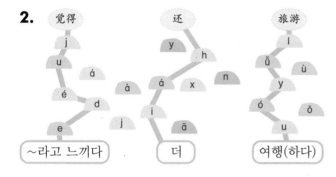

觉得 → j u á é d e — ~라고 느끼다

还 → y h á x à i j ã n — 더

旅游 → l ǔ ù y ó o u — 여행(하다)

3. A : 妈妈，今天 比 昨天冷吗？
Māma, Jīntiān bǐ zuótiān lěng ma?

B : 比 昨天还冷，多穿一点。
Bǐ zuótiān hái lěng, duō chuān yìdiǎn.

4. (홍콩의)디즈니랜드
(구이린의)풍경
(시안의)날씨

5. 长城

6.

小东

7. | 我们 | 全家 | 去 | 了 | 北京 |

8.
我去了上海的新天地。
Wǒ qù le Shànghǎi de Xīntiāndì.

我看了桂林的风景。
Wǒ kàn le Guìlín de fēngjǐng.

我喜欢北京菜。
Wǒ xǐhuan Běijīngcài.

非常好吃。
Fēicháng hǎochī.

真漂亮。
Zhēn piàoliàng.

很热闹。
Hěn rènào.

9

| 我 | 小冬 | 小通 |

10. 印象最深的是什么？

11. 여행

5과 本命年

1. ① 快 kuài ② 手链 shǒuliàn

2. 크기

3. ① 猴 hóu / 牛 niú 도 나무에서 떨어질 때가 있다.

② 소 鸡 jī / 狗 gǒu 보듯 한다.

4. 本命年一定要带 红色 的。
너의 띠가 돌아오는 해에는 꼭 붉은색을 지녀야 해.

5.

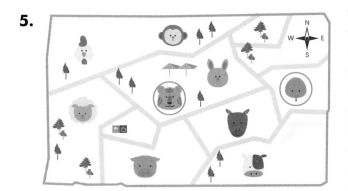

6.

文	人	本	人	乐	玩
本	们	袍	旗	高	记
手	器	机	笔	记	具
记	笔	器	器	玩	具
高	记	袍	文	人	器
手	高	本	乐	记	人
机	文	器	手	链	文

7.

8.

9.

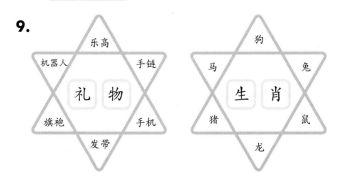

10. B 색깔은 괜찮다. ✏

C 모양은 그리 좋지 않다. ✏

11. D

1.

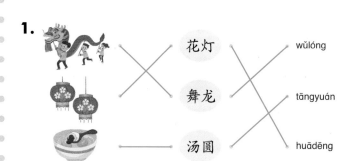

2.

怪不得
→ guàibude

热闹
→ rènao

3.

ián b n ài   ch t ián l iē ūn

→ bàinián   → tiē chūnlián

4.

☐ 可以
✓ 怪不得
☐ 不怎么样
☐ 那么

5.

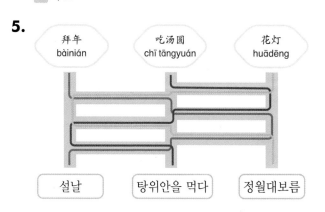

6.

新年好 ☑   ▢

▢   ▢

7.
① 花灯 ─ huātēng ▢ / huādēng ☑   ② 汤圆 ─ tāngyuán ☑ / dāngyuán ▢

① 舞龙 ─ mǔlóng ▢ / wǔlóng ☑   ② 热闹 ─ rènao ☑ / lènao ▢

8.
① 용춤, 등불(초롱)

② 탕위안

9. 玩儿, 表演, 还有, 俩

10.

元宵节 Yuánxiāojié ─── 설날

春节 Chūnjié ─── 정월 대보름

7과 **98 '就发'**

1.
① 好日子 ─ hào rìzi ▢ / hǎo rìzi ☑   ② 特别 ─ tèbié ☑ / těbié ▢

2.

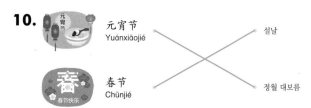

n	h	y	u	è	x	s
à	à	s	y	z	ì	h
f	o	h	ì	à	n	é
m	ā	i	s	i	g	n
w	ǒ	c	i	f	y	m
y	ī	n	á	ā	ù	e
b	ā	d	e	i	n	g

① yìsi
② xìngyùn
③ fā cái

3.
yīshēngyíshì ▢   yíshēngyíshì ▢

yìshēngyíshì ☑   yìshēngyǐshì ▢

4.
'오래살다'의 jiǔ(久)와 발음이 같아서 좋아해요.

'돈을 벌다'의 fā cái(发财)의 fā(发)와 발음이 비슷해서 좋아해요.

九   八

七   六

'화내다'의 shēngqì(生气)의 qì(气) 발음과 비슷해서 좋아하지 않아요.

liú(流)와 발음이 비슷하며 '순조롭다'의 뜻으로 자동차 번호로 많이 쓰입니다.

5.

▢   ☑

▢   ▢

6. 알고 보니, 원래

7.

6

168

520

我爱你 wǒ ài nǐ

六六大顺 liùliùdàshùn

一路发 yílù fā

8.
① ☑ 原来是你呀, 我睡觉呢。
Yuánlái shì nǐ ya, wǒ shuìjiào ne.

▢ 爸爸做的菜很好吃。
Bàba zuò de cài hěn hǎochī.

② ▢ 你是马老师吗?
Nǐ shì Mǎ lǎoshī ma?

☑ 他原来是我的小学同学。
Tā yuánlái shì wǒ de xiǎoxué tóngxué.

9. 有 [什么] [特别] [的] ?

10. ☐ ☐ ☑ ☐

8과 二胡

1.

| 拉 lā | 好听 hǎotīng | 它 tā |

2.

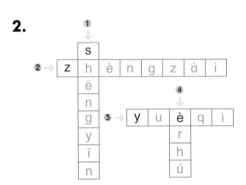

```
      ① s
② z  h  è  n  g  z  à  i
      ē          ④
      n      ③ y  u  è  q  ì
      g          r
      y          h
      ī          ú
      n
```

3.

병음 : xiūxi
뜻 : 쉬다

4. 这是什么乐器？
Zhè shì shénme yuèqì?

5. A：喂，你在做什么呢？
Wèi, nǐ zài zuò shénme ne?

B：我 正在 看电视 呢 ，有什么事？
Wǒ zhèngzài kàn diànshì ne, yǒu shénme shì?

6.

☐ ☐ ☑ ☐

7.

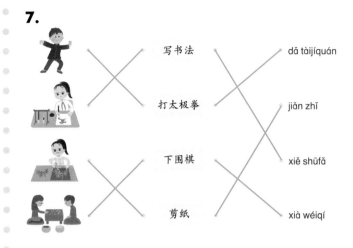

写书法 ─── dǎ tàijíquán

打太极拳 ─── jiǎn zhǐ

下围棋 ─── xiě shūfǎ

剪纸 ─── xià wéiqí

8. 공죽(돌리기)

9.

☐ 下象棋 xià xiàngqí　☑ 下围棋 xià wéiqí　☐ 写书法 xiě shūfǎ　☐ 抖空竹 dǒu kōngzhú

10. ❶ 二胡

❷ 根

11.

我不知道二胡是什么。二胡只有 两 根弦，真奇怪。小华告诉我二胡的声音很好听。她说她正在 学 拉二胡呢。我也想学 拉 二胡了.

초판발행 : 2022년 8월 10일

저자 : 권상기, 김명섭, 김예란, 이현숙, 왕지에, 저우자쑨
삽화 : 류은형
발행인 : 이기선
발행처 : 제이플러스
　　　　서울시 마포구 월드컵로 31길 62
전화 : 영업부 02-332-8320 편집부 02-3142-2520
팩스 : 02-332-8321
홈페이지 : www.jplus114.com
등록번호 : 제10-1680호
등록일자 : 1998년 12월 9일
ISBN : 979-11-5601-192-7